L'EXCEPTION DE JEU DANS LES OPÉRATIONS DE BOURSE

ET

LA LÉGALITÉ DES MARCHÉS A TERME

ÉTUDE DE LÉGISLATION

PAR

René BITTARD des PORTES

AVOCAT A LA COUR DE PARIS, DOCTEUR EN DROIT, MEMBRE DE LA SOCIÉTÉ
DE LÉGISLATION COMPARÉE.

Extrait de la Revue générale du droit
(mai-juin 1882).

PARIS

ERNEST THORIN, ÉDITEUR

Libraire du Collège de France, de l'Ecole normale supérieure,
des Écoles françaises d'Athènes et de Rome

7, RUE DE MÉDICIS, 7

1882

L'EXCEPTION DE JEU DANS LES OPÉRATIONS DE BOURSE

ET

LA LÉGALITÉ DES MARCHÉS A TERME

TOULOUSE. — IMPRIMERIE A. CHAUVIN ET FILS, RUE DES SALENQUES, 28.

L'EXCEPTION DE JEU DANS LES OPÉRATIONS DE BOURSE

ET

LA LÉGALITÉ DES MARCHÉS A TERME

ÉTUDE DE LÉGISLATION

PAR

René BITTARD des PORTES

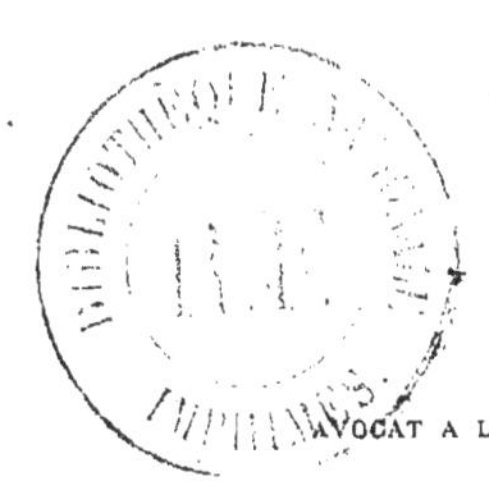

AVOCAT A LA COUR DE PARIS, DOCTEUR EN DROIT, MEMBRE DE LA SOCIÉTÉ
DE LÉGISLATION COMPARÉE.

Extrait de la Revue générale du droit
(mai-juin 1882).

PARIS

ERNEST THORIN, ÉDITEUR

**Libraire du Collège de France, de l'Ecole normale supérieure,
des Écoles françaises d'Athènes et de Rome**

7, RUE DE MÉDICIS, 7

1882

L'EXCEPTION DE JEU DANS LES OPÉRATIONS DE BOURSE

ET

LA LÉGALITÉ DES MARCHÉS A TERME

La crise financière que nous venons de traverser a brusquement révélé toutes les lacunes de la législation, toutes les incertitudes de la jurisprudence, en matière d'opérations de Bourse.

Cet enseignement s'est trop clairement dégagé des ruines et des désastres de la liquidation de janvier, et aujourd'hui, où le Parlement est saisi de nombreux projets de réformes, nous avons du moins la tardive satisfaction de faire entendre, au nom du respect des contrats et de la liberté commerciale, une légitime revendication.

La question que nous traitons, sous un double titre, est bien nette : l'exception de jeu est-elle opposable, lors de l'exécution du marché à terme, et la législation, sur ce point, doit-elle être l'objet de réformes ?

Nous croyons, quant à nous, que le mot de Berryer est toujours vrai, et que nos tribunaux laissent s'accomplir, dans l'exception de jeu, une véritable et permanente iniquité juridique. Avant d'aborder le système de la jurisprudence que nous condamnons, sans réserve, nous rappellerons les dispositions légales qui semblent l'inspirer, et dont elle fait d'ailleurs une abusive interprétation.

Au commencement du siècle dernier, un arrêt du Conseil, à la date du 24 septembre 1724, rendu au lendemain de la crise provoquée par Law, supprimait implicitement les marchés à terme que la nouvelle école financière avait rapidement vulgarisés. Les articles 29 et 30 de cet arrêt prescrivent aux agents de faire compter des opérations *dans le jour*, au moyen de la remise effective des effets négociés et du prix de ces effets. Tous les marchés devaient donc avoir lieu rigoureusement au comptant.

L'arrêt du 7 août 1785 prohibait tout spécialement les ventes à découvert : « Seront nuls les marchés et compromis d'effets royaux et autres quelconques qui se feraient à terme et sans livraison desdits effets ou sans le dépôt réel d'iceux, constaté par acte duement contrôlé, au moment même de la signature de l'engagement. »

L'année suivante, un arrêt du conseil, du 22 septembre, en rappelant la disposition que nous venons de relater, ajoutait cependant : « qu'il ne puisse, à l'avenir, être fait aucun marché d'effets royaux ou autres effets publics, ayant cours à la Bourse, pour être livrés à un délai plus éloigné que celui de deux mois à compter du jour de sa date, déclarant nuls tous ceux qui seraient à un plus long terme. » Enfin, le 29 novembre de la même année 1786, une décision des commissaires généraux du conseil considérait « comme nuls, et de nul effet, des marchés comme faits à terme, sans livraison ni dépôt préalable. »

La législation intermédiaire se montra plus rigoureuse encore que l'ancien droit. Rééditant en effet, par une aggravation de sévérité, l'édit presque oublié de 1724, le législateur de la Révolution interdit tout marché qui n'était pas au comptant. Les lois du 13 fructidor an III et du 28 vendémiaire an IV prohibaient les opérations, qui ne se réglaient pas immédiatement et reposaient sur la variation du cours. L'article 3 de la loi de l'an III déclare « agioteur, et puni de deux ans de détention, de l'exposition en public avec un écriteau sur la poitrine portant le mot *agioteur*, et de confiscation de tous ses biens, tout homme convaincu d'avoir vendu des marchandises ou effets dont, au moment de la vente, il ne serait pas propriétaire. »

Le Consulat ne fut pas moins hostile aux marchés à terme. Un arrêté du 27 prairial an X reproduisit les mêmes prohibitions : « Chaque agent de change, dit l'article 13, doit avoir reçu de ses clients les effets qu'ils vend ou les sommes nécessaires pour payer ceux qu'il achète. »

Après ce court aperçu historique, nous arrivons à la législation actuelle. Les dispositions qui semblent régir seules aujourd'hui les opérations de Bourse sont les articles 1965 et 1967 du Code civil et les articles 421 et 422 du Code pénal.

L'art. 1965 édicte : la loi n'accorde aucune action pour une dette de jeu ou le paiement d'un pari. L'art. 1966 établit certaines exceptions, qui ne rentrent pas dans notre matière, et l'article 1967 est ainsi formulé : « Dans aucun cas, le perdant ne peut répéter ce qu'il a volontairement payé, à moins qu'il n'y ait eu, de la part du gagnant, dol, supercherie ou escroquerie. »

Le Code pénal est plus formel dans son art. 421 : « Les paris qui auraient été faits sur la hausse ou la baisse des effets publics seront punis des peines portées par l'art. 419. » Or, les peines édictées par cet article sont l'emprisonnement d'un mois au moins, d'un an au plus, et d'une amende de 500 à 10,000 fr. Les coupables pourront, de plus, être mis sous la surveillance de la haute police pendant deux ans au moins et cinq ans au plus.

Enfin, l'art. 422 du Code pénal déclare : « Sera réputé pari de ce genre, toute convention de vendre ou de livrer des effets publics qui ne seront pas prouvés par le vendeur avoir existé à sa disposition au temps de la convention, ou avoir dû s'y trouver au moment de la livraison. »

Que résulte-t-il donc à première vue de ce ces différents articles ? Que les opérations à terme ne sont pas reconnues, qu'elles doivent être considérées comme des jeux de Bourse, parfaitement illégaux, et que dès lors, on peut toujours, de par la loi, et en tout état de cause, opposer l'exception de jeu.

Ainsi donc, en droit comme en morale, quiconque prend un engagement dans les formes requises est tenu à l'exécution de son obligation, au respect de la loi du contrat, et pour les opérations de Bourse on peut impunément mépriser ce lien de droit et nier effrontément sa dette.

Et en effet, une personne achète à terme 20,000 fr. de rente. Un agent de change s'est fait l'intermédiaire du marché, et un vendeur s'est présenté. Il y a tous les éléments nécessaires à la validité de l'opération : l'objet du contrat (les rentes sont sur la place), l'engagement (l'ordre donné), enfin la preuve de cet engagement (la mention au carnet et le bordereau). La vente est donc parfaite, et rien, absolument rien ne manque à la formation du contrat. Mais voici le terme qui arrive, la baisse s'est produite, et l'acheteur perd sur son marché. Il lui suffit de dire : « J'ai joué. Voyez plutôt l'art. 1965... » Et son obligation n'existe plus. Il est dégagé de tout engagement, « n'ayant perdu que son honneur, s'il en avait (1). »

____

(1) Mʳ Ambroise Rendu (Consultation jointe à la pétition de M. Bobœuf au Sénat. 1864).

Et cependant, dirons-nous, si ce même individu avait acheté 20,000 mètres de terrain en bloc, vendus par adjudication au Tribunal, par l'intermédiaire de l'avoué, est-ce que dans le cas où il n'aurait pas eu les fonds pour payer à l'échéance, et où d'ailleurs les terrains s'étant dépréciés, il aurait perdu sur son marché, est-ce qu'il aurait pu échapper à la folle enchère et à ses suites ? Mais encore une fois, on ne joue pas sur les terrains, on spécule légalement ; tous les marchés y sont sérieux; au contraire, on joue sur les rentes, à la faveur de la loi et des décisions de nos tribunaux.

Aussi l'un des maîtres regrettés du barreau de la Cour de cassation, M. Ambroise Rendu, s'écriait-il, dans une consultation célèbre, en relatant une espèce analogue à la nôtre : « Nous voudrions qu'on dît aux gens qui entrent chez l'agent de change, comme à ceux qui entrent chez un notaire, chez un avoué, pour acheter ou vendre :

« Vous êtes majeur et non interdit. Vos engagements sont obligatoires. Tout acte » fait par l'entremise de l'officier public à ce institué est chose sacrée, parfaite- » ment irrévocable. Liez-vous ou ne vous liez pas ; mais sachez bien qu'une fois » lié, vous ne vous délierez point; sachez que vous subirez toutes les sanctions » de droit; et que si vous faites habitude et profession des opérations de Bourse, » vous faites des actes de commerce. » Et M. Rendu ajoutait, pour mieux rendre l'énergie de sa proposition : « des actes de commerce qui » vous rendront contraignable même par corps. »

Mais pourtant, quand on reste sur le terrain strict du droit, lorsqu'on s'efforce de creuser la pensée du législateur, en se rapportant aux grands principes qui ont été affirmés dans nos codes comme des règles immuables, l'idée du marché à terme semble parfaitement juridique.

Que dit donc, en effet, l'art. 1583 du Code civil ? « La vente est parfaite entre les parties, et la propriété est acquise de droit à l'acheteur, à l'égard du vendeur, dès qu'on est convenu de la chose et du prix, quoique la chose n'ait pas encore été livrée ni le prix payé. » Et la jurisprudence a donné de cet article une interprétation singulièrement explicite, lorsqu'elle déclare plusieurs fois, et notamment dans un arrêt de cassation à la date du 29 août 1849 (1) : « que la vente d'une chose mobilière incorporelle, faite moyennant un crédit non encore réalisé, est parfaite à l'égard de tiers à dater du contrat, et non pas seulement à compter de la réalisation du crédit. »

Mais, dira-t-on, si l'art. 1583 n'est pas en opposition directe avec l'idée du marché à terme, il en est différemment de

____

(1) Cass. Req. 29 août 1849. D. P., 49. 1. 273.

l'art. 1108, aux termes duquel il faut un objet certain pour la convention et une chose réelle entre les mains de l'acheteur. Nous écarterons cette nouvelle objection, en nous inspirant encore des principes du contrat de vente. Il ne s'agit pas, dans notre espèce, d'un corps certain ; il s'agit de *choses fongibles* que le vendeur pourra se procurer toujours à la Bourse, comme il se serait pourvu sur le marché du blé ou du café qu'il aurait pris l'engagement de livrer.

C'est l'art. 1130 que nous invoquons pour justifier la légalité de l'opération à terme. « Les choses futures peuvent être l'objet d'une obligation. » Chaque jour ne vend-on pas, en effet, dans le commerce, ce qu'on n'a pas ? Le commerce ne vit que de la vente de la chose d'autrui. A l'aide des ressources infinies que les relations commerciales procurent de ville en ville, de peuple à peuple, on vend et on achète chaque jour sur les points les plus divers et les plus éloignés les uns des autres, les productions de toutes les parties du monde. Dès lors, on ne comprend pas quel est le motif qui a pu porter la loi à refuser aux négociations de la Bourse, négociations éminemment commerciales, les facultés dont jouissent toutes les transactions commerciales et civiles. Si le vendeur d'un effet public vend une chose qu'il ne détient pas, qu'il ne possède pas actuellement, il en vend une dont il a le droit de se dire le propriétaire futur, car, encore une fois, il lui sera toujours possible d'acheter à la Bourse l'effet qu'il a vendu et qu'il s'est engagé à livrer à son acheteur.

Nous emprunterons, sur ce point, aux travaux préparatoires du Code pénal un argument très vrai, donné par un homme de grand sens, Boscary de Villeplaine, adjoint au syndic des agents de change de Paris, que l'Empereur consultait sur la validité des opérations à terme, pour lesquelles Napoléon Ier se sentait fort peu de sympathie : « Sire, lorsque mon porteur d'eau est à ma porte, commettrait-il un stellionat en me vendant deux tonneaux d'eau, au lieu d'un qu'il a ? Certainement non, puisqu'il est toujours certain de trouver à la rivière celui qui lui manque ; eh bien ! sire, il y a une rivière de rentes ! » Et, en effet, la Bourse est une rivière de rentes ; c'est le marché des effets publics. Par conséquent, il est licite à tout individu, quel qu'il soit, de promettre qu'à une époque déterminée par la convention il achètera telle quantité de rentes, d'actions de chemins de fer, de valeurs industrielles, pour les livrer plus tard à son créancier. Il ne les possède pas au jour du contrat : peu importe. Il ira les puiser au réservoir commun, à l'entrepôt public, de même qu'un négociant va acheter sur le marché les marchandises qu'il n'a pas dans ses magasins, et qu'il a pourtant vendues à son correspondant.

Cette qualification d'acte essentiellement commercial des marchés à terme nous conduit à examiner rapidement s'il était nécessaire que le Code de commerce reconnût expressément ces opérations. Evidemment non. Il est de règle que ce qui n'est pas prohibé est licite ; et d'ailleurs, lorsque l'article 90 du Code de commerce déclare qu'il sera pourvu par des règlements d'administration publique à la négociation et à la transmission de la propriété des effets publics, il est avéré que le législateur de 1807 laissait les opérations de Bourse soumises au droit commun, qui accorde une liberté complète à toutes les conventions, sous la réserve de l'ordre public et des bonnes mœurs.

Il y a encore un article qui nous fournit dans le Code de commerce un nouvel et puissant argument : c'est l'art. 76 qui confie aux agents de change la négociation des effets publics et autres susceptibles d'être cotés. La Cour de cassation, dans la fameuse affaire des coulissiers, en a donné une très juridique interprétation, lorsqu'elle insérait dans son arrêt : « que la disposition de l'art. 76 du Code de commerce était générale et absolue, qu'elle n'avait pas distingué entre les négociations à terme et les négociations au comptant... que les opérations à terme ont été réputées licites, à la seule condition qu'elles soient sérieuses ; qu'on ne concevrait pas que la négociation à terme, qui offre le plus de périls et peut devenir plus facilement un moyen de fraude à la loi, soit précisément celle que le législateur eût interdite à l'officier qu'il instituait. »

Ainsi donc, le droit commercial, non seulement dans son esprit général, mais même dans ses dispositions écrites, nous donne une ratification nette et précise de la légalité des marchés à terme.

Nous nous trouvons maintenant en présence du droit pénal et de l'art. 422, dont nous demandons l'abrogation. Que prescrit, en effet, cet article pour la validité de l'opération ? le dépôt préalable. Et voilà le *criterium* qui permettrait de désarmer infailliblement, *à priori*, une opération à terme sérieuse d'une opération fictive. Ainsi c'est l'obligation de lever ou de

livrer les titres, qui seule devra imprimer au marché un caractère sérieux. Mais lorsque la formalité du dépôt fut imagi-
née par les arrêts du conseil, elle avait sa raison d'être. On
craignait que la vente des effets publics ne s'élevât au delà même de
leur importance numérique. Aujourd'hui, à l'égard des rentes tout
au moins, avec l'immense extension de notre Grand-Livre, une
semblable crainte serait ridicule. Le dépôt des titres est donc
doublement inutile, parce qu'il n'est plus justifié, et parce
qu'il apporte une entrave considérable aux négociations. Proudhon a d'ailleurs signalé spirituellement l'inefficacité de cette
obligation du dépôt ou de la possibilité de possession, recom-
mandée par l'art. 422 : « Quel agioteur, dit-il, n'est en position de trouver de trouver des amis qui lui prêtent, pour une heure seulement, des titres au
porteur qui lui donnent un aspect de rentier-propriétaire, d'homme honorable? Si
l'affaire en vaut un jour la peine, il ne manquera pas de s'établir un bureau de
location de titres à l'usage des joueurs, qui voudront échapper aux suites désas-
treuses d'un pari, en montrant, pièces en mains, qu'ils ont entendu faire une
vente réelle. »

L'art. 422 est évidemment basé sur un préjugé. Il y a peu
d'années, imbus des mêmes idées, des magistrats (1) invo-
quaient contre les assurances sur la vie, l'art. 1965 du Code
civil sur les jeux et les paris : « Les assurances sur la vie sont
illicites, disait un éminent jurisconsulte, et contraires aux
bonnes mœurs, puisqu'elles autorisent le *votum mortis*. » Aussi
M. Mathieu Bodet, en rappelant cette singulière thèse, ajoute-t-il
avec raison : « Les idées modernes ont prévalu contre ces vestiges d'un autre
temps. Les assurances sur la vie ont pris un grand développement, et sont, au
contraire, admises maintenant comme des actes d'une sage prévoyance (2). »

Il en est de même aujourd'hui pour l'exploitation des offices
d'agent de change. Elles étaient aussi considérées comme des
opérations profondément immorales, contraires à l'ordre public
et entachées d'une nullité radicale. Les associés n'avaient aucune action pour demander le paiement de ce qui pouvait leur
revenir dans l'actif social. Cependant la loi du 2 juillet 1862 a
autorisé expressément les agents de change à s'adjoindre des
bailleurs à fonds intéressés, participant aux bénéfices et aux
pertes de l'exploitation de l'office. Répétons donc, avec l'écri-
vain si compétent dont nous invoquions tout à l'heure la haute

(1) M. le procureur général Dupin devant la Cour de cassation en 1864.
(2) M. Matthieu Bodet, *Journal des économistes*. Mars 1882.

autorité, que l'esprit libéral, le bon sens, les principes de
la science économique et financière doivent triompher de même
des préjugés des juristes sur les marchés à terme et les spécula-
tions de Bourse.

Nous sommes arrivés à la partie la plus délicate de notre tâ-
che : l'examen critique des décisions de nos tribunaux.

Nous rappellerons aussi sommairement que possible les dif-
férentes étapes de la jurisprudence.

Dès 1804, c'est-à-dire dès le moment de la promulgation des
contrats aléatoires, les arrêts de la Cour d'appel de Paris et de
la Cour de cassation décident qu'aucune loi en vigueur ne pros-
crit les marchés à terme, que l'agent de change, agissant
comme mandataire, a le droit d'actionner son mandant (1).
Vers 1823, la jurisprudence entre dans une période de réaction
qui dure une dizaine d'années. Les tribunaux n'admettent que
les opérations au comptant, et se refusent à reconnaître les
marchés à terme (2). Une troisième période commence dès
1832, et se termine en 1847. On admet encore l'exception de
jeu, mais plusieurs arrêts de cassation déclarent que la présomption de jeu et de pari doit être limitée à la vente d'effets
publics, et qu'en conséquence il faut exiger le dépôt préalable
du vendeur seulement. Dans la quatrième période, qui dure dix
ans (de 1847 à 1857), les concesssions s'accentuent, et le vendeur lui-même est dispensé du dépôt préalable. On considère
comme valables tous les marchés à terme qui semblent sérieux.
et ils sont regardés comme tels, lorsque les opérations ne sont
pas en disproportion avec la fortune du client.

Enfin une nouvelle période a son point de départ en 1867,
et depuis, la jurisprudence ne semble point vouloir varier. Elle
décide généralement qne lorsque les marchés à terme se résolvent par des différences, les tribunaux ont un pouvoir souve-
rain pour juger si les opérations constituent un simple jeu ou
pari, ou si au contraire elles sont sérieuses.

Nous retrouvons l'affirmation de cette doctrine dans l'un

(1) Voir toutefois : Cass., 27 nov. 1811 (Borel c. Duchesne). S., 3. 1. 429. D. A.,
6. 760.

(2) Voir le fameux arrêt Forbin-Jeanson, du 11 août 1824.

des premiers arrêts de cette cinquième période de la jurisprudence. Il a été rendu par la Cour de Toulouse, le 5 mars 1859 :

« Attendu que, sans doute, il n'est pas nécessaire que l'opération, pour être admise par la justice, soit toujours faite au comptant, puisque la liberté de commerce autorise à acheter, pour un terme à venir, toutes les choses qui ont une valeur vénale ; mais que si les marchés à terme peuvent avoir le caractère d'opérations sérieuses, c'est à la condition que celui qui les fait puisse être en mesure de les tenir à l'échéance, soit au moyen des ressources qu'il possède déjà au moment du marché, soit au moyen de celles qu'il a une raisonnable espérance de posséder au moment où le terme sera venu ;

» Que sans doute encore, à l'échéance du terme, il peut s'abstenir de réaliser le marché en se faisant reporter à un terme ultérieur ; mais que cette opération, licite en elle-même, quand elle n'a pour objet que d'obvier aux difficultés ou aux inconvénients du moment, perd ce caractère et devient abusive, quand elle n'a lieu que pour perpétuer une situation dont l'acheteur ne peut sortir à l'aide de ses ressources personnelles ; que, dans cet état de choses, il n'y a de spéculation réelle que dans les différences ;

» Que si la différence, considérée comme élément des opérations de Bourse, peut être admise régulièrement dans un compte relatif à ces opérations, ce ne peut être que lorsque la répétition en est purement accidentelle, et qu'elle est faite par un agent de change qui a revendu à perte, aux risques d'un acheteur à terme imprudent, mais sincère ; qu'il en est autrement, lorsque cette différence est l'objet unique de la poursuite du client, à travers les chances de hausse et de baisse des valeurs cotées à la Bourse ; qu'il est vrai de dire alors que les achats et les ventes auxquels il s'est livré ont été purement fictifs, et qu'il n'a fait autre chose que jouer sur cette différence ; que, dans l'espèce, tout indique qu'on n'a pas d'autre but.

» Attendu que cela ne suffit pas pour paralyser l'action de l'agent de change contre son client, en répétition de cette différence ; que pour être atteint lui-même par les dispositions de l'art. 1965, il faut que, mandataire de son client, il ait connu le but de ce dernier ; qu'en un mot il se soit associé sciemment à des opérations prohibées, mais que les circonstances de la cause ne permettent aucun doute sur cette complicité. »

Nous avons tenu à rappeler les considérations de cet important arrêt qui semble avoir fixé la jurisprudence. La théorie de l'appréciation souveraine du juge, quant au fait, et de l'abandon de la question de droit, a été constamment appliquée. C'est le magistrat qui doit présumer quelle a été la véritable intention des parties, et son jugement est donc uniquement basé sur cette présomption.

Cette thèse se retrouve dans plus de vingt arrêts (1). Rappelons seulement une décision de la Cour de Paris, à la date du

(1) Trib. civ. Seine, 31 août 1865. Paris, 22 août 1866. Trib. civ. Lyon, 2 janvier 1867. Paris, 27 juin 1867. Trib. civ. Marseille, 21 janvier 1868. Aix, 5 juin 1868. Paris, 13 juin 1868. Paris, 13 mai 1873. Trib. civ. Seine, 23 juillet 1873. Trib. civ. Lyon, 24 janvier 1874, etc.

22 juillet 1873 : « Considérant qu'un marché à terme d'effets publics est valable s'il a pour but la livraison et le paiement réel de la chose vendue et achetée, tombe, au contraire, comme jeu de Bourse, sous le coup de l'application de l'art. 1965 du Code civil, lorsque, au moment de la convention, la réalisation effective à l'époque convenue n'était point dans l'intention des parties, qui avaient en vue seulement un règlement de différences suivant les variations des cours. »

Nous estimons que cette jurisprudence repose sur une interprétation aussi subtile que peu ingénieuse. Nous ajouterons que cette distinction est absolument contraire à la pratique. En effet, il est universellement reconnu que presque tous les marchés à termes, *si ce n'est tous*, ne se résolvent jamais que par des différences, et, par conséquent, ne sont, à vrai dire, que de véritables jeux et paris sur les effets publics. Et néanmoins, nous ne voyons jamais le ministère public requérir contre les joueurs l'application de l'art. 422, qui punit l'agiotage. Or, si les tribunaux ne traitent pas comme des joueurs ceux qui travaillent à la Bourse sur les différences, comment peuvent-ils traiter comme des jeux les opérations qui s'y concluent ? Comment admettre qu'il y ait des jeux, et qu'en même temps il n'y ait pas de joueurs ? Si l'on recherche pourquoi, toute puissante dans la théorie, la loi pénale n'atteint jamais, dans la pratique, les agioteurs, si l'on veut savoir pourquoi l'art. 422 reste aux mains des parquets une menace vaine, c'est que, désespérant, en face de marchés identiques, de dire avec sûreté où finit la spéculation innocente, où commence le jeu condamnable, la magistrature répressive aime mieux, dans le doute, laisser passer quelques abus, qu'inquiéter les contrats honnêtes. D'ailleurs quels sont les éléments d'appréciation qui autorisent un tribunal à décider que telle opération de Bourse doit être considérée comme sérieuse et, par suite, validée ? que telle autre n'est que purement fictive et doit être annulée ?

La jurisprudence admet qu'il faut rechercher dans l'*intention* des parties, lors de la passation du contrat, le signe caractéristique des opérations sérieuses et des opérations fictives. Les parties ont-elles voulu que l'opération se réglât en différence ? opération fictive, agiotage ; les parties ont-elles voulu que l'opération se liquidât par un mouvement de titres et d'argent ? opération sérieuse, spéculation.

Mais l'intention des parties se révèle dans le bordereau qui constate le marché ; or, ce bordereau est toujours libellé d'une façon identique ; la variété prétendue des intentions est inconciliable avec l'unité constante de la formule employée. La formule est une et le contrat est un. Tout vendeur écrit et signe qu'il s'engage en liquidation. En présence de cette formule unique, comment soutenir que certains spéculateurs promettent, que certains autres ne promettent pas d'effectuer à l'échéance une livraison de titres ?

Aussi les tribunaux recourent-ils le plus souvent à un autre aperçu : ils mesurent les ressources du spéculateur. Un spéculateur, qui a 10,000 francs en caisse, achète à la Bourse un million de valeurs. Ce spéculateur, disent les arrêts, joue ; il travaille dans le vide, car il n'est pas capable de lever en liquidation le million de valeurs qu'il a achetées.

L'arithmétique des arrêts est fantaisiste, et la jurisprudence commet une grande erreur de comptabilité. En effet, j'achète un million de titres. Cette opération a deux faces ; elle me constitue, il est vrai, débiteur du prix, mais en même temps elle me fait acquérir une créance en livraison des valeurs qui forment l'objet du contrat ; cette créance grossit mon actif et s'ajoute aux 100,000 francs que je possède déjà. L'opération passée, j'ai en réalité, dans mon actif, 1,100,000 francs, dans mon passif un million. Je puis, en réalisant ma créance, en tirer un million. Sans doute, je puis aussi, dans cette réalisation, éprouver quelques pertes ; mais ne suffit-il pas, pour que la liquidation soit sérieuse, que mes 100,000 francs parent au déficit ?

D'ailleurs faire reposer la validité ou la nullité de l'opération sur cette circonstance que le spéculateur a eu ou n'a pas eu une fortune suffisante pour la mettre à exécution, c'est prendre une base qui n'est fondée ni en équité ni en droit. Est-il moral de donner à un homme le moyen de manquer à ses obligations, parce qu'il n'a pas les ressources nécessaires pour les remplir ? Est-ce qu'en droit la validité d'un contrat dépend de la solvabilité du contractant ? Cette jurisprudence aboutit à cette conséquence singulière : elle tend à légaliser le jeu, pour peu qu'il n'excède pas les forces du joueur.

Et l'agent de change, le malheureux agent de change qui a agi de bonne foi et sur lequel vont lourdement retomber les conséquences de la déloyauté de son client, quelle situation inique lui faites-vous ? Peut-il, au moment du marché, éva-

luer facilement les ressources de son client? Non. Un client qui
a 100,000 francs de surface ne peut-il pas traiter secrètement
avec quatre ou cinq agents, de telle sorte que chacun d'eux,
s'imaginant recevoir exclusivement ses ordres, ne voie pas d'in-
convénient à lui ouvrir un crédit de 100,000 francs.

Cette théorie a été sévèrement appréciée par un savant
professeur de la Faculté de Paris (1) : « Le vice du système de la
jurisprudence consiste en ceci : qu'elle déclare fictives les ventes qui n'entraînent
pas un mouvement de titres. C'est une erreur qui vient de ce qu'on n'a que super-
ficiellement étudié le mécanisme de la liquidation.

» En liquidation, toute vente m'assure, si je le veux, les titres que j'ai achetés
et auxquels j'ai droit. Sans doute, il se peut que je n'exige pas, en résultat, livraison matérielle des titres ; mais la convention de livrer, qui caractérise la vente, a
du moins existé lors du contrat, et j'en puis toujours réclamer le bénéfice lors de
la liquidation. Si mon vendeur ne me fournit pas lui-même les titres qu'il m'a pro-
mis et que j'aie besoin de les chercher sur la place, en déboursant peut-être un prix
plus élevé, j'ai acheté, au cours de 500 fr., des titres qui, lors de la liquidation,
valent 600 fr., mon vendeur devra me payer la différence, 100 fr. Qu'est maintenant cette différence, sinon la réparation mathématique du préjudice que le vendeur me cause en ne me livrant pas lui-même? Qu'est-ce, sinon le moyen à l'aide
duquel j'obtiens, aux frais du débiteur, l'exécution effective du contrat que j'ai
passé? Je retiens en effet mon prix, 500 fr. ; j'y ajoute l'indemnité, 100 fr., et,
avec mes 600 fr., je puis ramasser sur la place les titres dont j'ai besoin. Où est
l'anomalie? où est la fiction? Je ne vois là qu'une application banale, un peu
accélérée, seulement, par les usages financiers de l'art. 1144 du Code civil...,
quand, en droit commun, je suis créancier et débiteur d'une même personne, et
qu'une compensation s'établit, en ne laissant subsister qu'une partie de la plus
forte des deux obligations, dira-t-on que les deux dettes compensées jusqu'à due
concurrence sont des dettes fictives parce qu'il n'est besoin de payer effectivement
que le reliquat?

» La liquidation de la Bourse, comme la compensation du Code civil, simplifie
les paiements, mais ne supprime pas les contrats. C'est là ce que les arrêts n'ont
pas saisi, et pourtant le nœud de la question était là. »

La voilà sévèrement et justement jugée, cette jurisprudence
dont le système n'est que contradiction et incertitude. Elle veut
éluder la loi ; n'est-ce pas prouver, de la manière la plus irréfu-
table, l'urgence de la réforme législative ?

Sur le terrain économique, notre thèse ne rencontre pas
moins d'adhérents. Les marchés à terme sont une des condi-
tions de l'existence et de la prospérité du crédit général, de l'activité et du mouvement des capitaux. Les espérances qu'éveil-
lent les chances de bénéfice ont seules la puissance de faire

____

(1) M. Jules Léveillé, *Du régime de la Bourse*, 1868.

circuler une somme énorme de capitaux d'épargne qui, sans ce mobile, demeureraient improductifs, et qui, une fois attirés sur le marché, fécondent une foule d'entreprises utiles auxquelles le capital aventureux peut seul donner la vie.

Le comte Mollien avait admirablement développé cette théorie, dans une conversation avec le premier consul, restée célèbre et qui est une page d'histoire économique (1).

Comme le faisait remarquer le futur ministre du Trésor public à son imposant et assez impatient interlocuteur, « quand on considère la marche de toutes les transactions civiles, on voit que presque tout se résout en marchés à terme. » C'est par eux, en effet, que les villes sont approvisionnées, que les armées s'entretiennent; c'est sur eux que reposent toutes les grandes combinaisons du commerce. N'applaudit-on pas à l'habileté du négociant qui achète des denrées pour une somme décuple de ses capitaux, parce qu'il a tellement calculé les besoins de la consommation, que la vente est assurée pour lui avant l'échéance des termes qu'il a pris pour les paiements?

Aussi la plupart des économistes et des publicistes se sont-ils hautement constitués les partisans des opérations à terme.

J.-B. Say, à une époque où le mécanisme du crédit était loin d'être ce qu'il est aujourd'hui, signalait déjà l'influence considérable du marché à terme sur le classement des rentes, lorsqu'après avoir dépeint les manœuvres des compagnies adjudicataires des emprunts pour faire monter les cours, il disait : « Pendant que les opérations se renouvellent, plusieurs portions de rentes sont achetées par de véritables consommateurs, qui les achètent pour les garder et s'en faire un revenu. » Horace Say ne se montre pas moins chaleureux défenseur de ces marchés : « Pour que des valeurs nouvelles puissent faire leur chemin dans le portefeuille des capitalistes, pour que des rentes aillent se classer, pour qu'elles arrivent à absorber les épargnes partielles du pays en allant représenter dans les mains des particuliers une partie de leur patrimoine, il faut un marché toujours ouvert, une Bourse avec vente à la criée de rentes, avec marchés à termes, avec reports d'un mois à l'autre, avec marchés à prime. » Et le plus hardi de nos économistes ajoute avec sa rude logique : « Il faut enfin de l'agiotage. »

Le mot est peut-être un peu fort, mais nous croyons l'idée juste : l'état de stagnation est un péril pour le crédit public. La spéculation, au contraire, et tout spécialement les marchés

____

(1) *Mémoires d'un ministre du Trésor public*, tome Ier, p. 251 à 273.

à terme, entretiennent l'activité financière et empêchent l'immobilisation des capitaux.

« Les marchés à terme, dit à son tour un grand légiste, M. Troplong (1), sont utiles à l'Etat, dont ils maintiennent le crédit par une lutte incessante entre la hausse et la baisse, lutte qui balance les chances de la fortune et préserve les cours de brusques et redoutables oscillations. Ces marchés attirent les capitaux vers les effets publics ; ils en font une marchandise dont la valeur s'accroît par la spéculation et prend un essor que les marchés au comptant sont incapables de donner. »

Nous pourrions multiplier les citations ; invoquer l'autorité de M. de Villèle, de Mollot, Courtois, Proudhon et bien d'autres ; mais désireux de ne pas agrandir le cadre de cette étude, nous ne nous attarderons pas sur un terrain de discussion que nos adversaires ont, d'ailleurs, généralement abandonné. Rappelons seulement, pour compléter ces quelques observations, au point de vue économique, qu'enfin, par les marchés à terme, les gouvernements trouvent à leur tour la possibilité de réaliser de grands emprunts qui permettent de satisfaire aux exigences d'une situation difficile. Si l'on souscrit aujourd'hui les emprunts de l'Etat avec une facilité inconnue à d'autres époques, c'est grâce à la possibilité de vendre à terme et de faire des reports sur les titres jusqu'au classement. Et au lendemain de nos désastres, n'est-ce pas à la souscription des 43 milliards, au grand emprunt national que nous avons dû la libération du territoire et le relèvement de notre situation en Europe ? Il y aurait quelque ingratitude à oublier cette spéculation du patriotisme.

Si nous jetons les yeux sur les pays voisins, nous voyons que presque partout les marchés à terme sont reconnus valables.

En Angleterre, la législation et la jurisprudence relatives à ces contrats ont été longtemps assez confuses. Toutefois, les ventes à découvert, faites régulièrement, sont aujourd'hui obligatoires dans ce pays. Il résulte d'ailleurs des décisions les plus récentes que, dans l'état actuel de la jurisprudence anglaise, l'agent peut faire exécuter contre son mandant les marchés à terme, approuvés par le *stock exchange*.

---

(1) *Contrats aléatoires*, nᵒˢ 151 et suiv.

En Espagne, depuis le décret du 12 mars 1872, les opérations à terme ont force exécutoire. A la fin de chaque mois, si le client ne remplit pas son engagement vis-à-vis de l'agent de change, il est exécuté, c'est-à-dire que la chambre syndicale achète ou vend les valeurs en litige, sous la responsabilité de l'officier public. Celui-ci reçoit un certificat pour réclamer contre son client les différences, s'il y en a à supporter.

L'Italie, par la loi du 13 septembre 1876, donne une action en justice pour demander l'exécution des marchés à terme, même dans le cas où il ne s'agit que de différences.

En Belgique, les articles du Code pénal et du Code de commerce, relatifs aux opérations de Bourse, ont été abrogés par les lois du 8 juin et du 30 décembre 1867, qui valident les marchés à terme, lorsque ceux-ci ne constituent pas des jeux de Bourse. L'agent de change qui réclame les sommes avancées par lui, pour l'exécution du contrat, peut toujours exercer son action, sauf dans le cas où des preuves viennent à l'appui de l'exception de jeu.

La Suisse a validé, en 1860, par sa loi du 29 février, tous les marchés à terme sur les rentes et les valeurs industrielles. Il est formellement déclaré, dans la loi, que les contractants ont le droit de liquider ces opérations par le paiement des différences.

En Allemagne, la convention est licite quand ces contrats ne mentionnent pas formellement que la livraison ou la levée des titres ne peuvent pas être exigées par les parties. Il n'y a pas de lois spéciales sur les marchés à terme.

Enfin, en Autriche, depuis la loi du 1er avril 1875, les marchés à terme sont assimilés à des actes de commerce dont l'exécution peut être demandée devant les tribunaux.

Ainsi donc le respect de la loi des contrats, la protection des transactions commerciales, le souci du crédit public, l'émulation légitime que nous inspire l'étude des législations étrangères, tout impose au Parlement la révision immédiate des lois actuelles.

Il faut hautement et expressément reconnaître la validité de *tous* les marchés à terme. Les art. 421 et 422 du Code pénal doivent être abrogés. L'art. 1965 du Code civil ne doit plus être opposé aux actions en paiement, même quand l'obligation résultera d'un marché à découvert.

Ce sera l'affirmation, impatiemment attendue par l'opinion publique, d'une règle de droit et d'un principe de morale.

REVUE GÉNÉRALE
DU DROIT, DE LA LÉGISLATION
ET DE LA JURISPRUDENCE
EN FRANCE ET A L'ÉTRANGER

DIRIGÉE PAR MM.

BARTHELON
Conseiller à la Cour de Limoges ;

Alph. BOISTEL
Professeur à la Faculté de droit de Paris ;

Max. DELOCHE
de l'Institut ;

Th. DUCROCQ
Professeur à la Faculté de droit de Poitiers ;

HUMBERT
Sénateur,
Garde des Sceaux,
Ministre de la Justice et des Cultes ;

Edm. LABATUT
Vice-Président du tribunal de Toulouse ;

Joseph LEFORT
Avocat à la Cour d'appel,
Lauréat de l'Institut ;

Fréd. MATHÉUS
Maître des requêtes au Conseil
d'État ;

MICHAUX-BELLAIRE
Avocat au Conseil d'État
et à la Cour de cassation ;

Aug. RIBÉREAU
Professeur à la Faculté de droit, à l'École de
commerce et d'industrie de Bordeaux.

H. BROCHER
Professeur de droit à l'Université
de Genève.

SUMNER-MAINE
De l'Université de Cambridge, membre de la
Société royale de Londres
et membre correspondant de l'Institut de France.

AVEC LE CONCOURS D'UN GRAND NOMBRE DE PROFESSEURS, DE MEMBRES DE LA MAGISTRATURE
ET DU BARREAU FRANÇAIS ET ÉTRANGER

La **Revue générale du droit** paraît régulièrement tous les deux mois, depuis le mois de janvier 1877, par livraisons de chacune six feuilles *au moins* grand in-8° cavalier, format de nos grandes revues littéraires, et forme, à la fin de l'année, un fort volume de 700 pages environ, imprimé sur beau papier en caractères neufs.

Le prix de l'abonnement est de **16 fr.** pour la France et les pays faisant partie de l'Union générale des postes. — Pour les autres pays, les frais de poste en sus.

BOISTEL (Alphonse), professeur à la Faculté de Paris. — *Précis du cours de droit commercial* professé à la Faculté de droit de Paris. 2e *édition*, revue, corrigée et considérablement augmentée. 1878. 1 très fort vol. in-8. 14 »

DROZ (Alfred), avocat, docteur en droit, lauréat de l'Institut. — *Traité des assurances maritimes, du délaissement et des avaries.* 1881. 2 vol. in-8°. 18 »

DUCROCQ (Th.), doyen et professeur de droit administratif à la Faculté de droit de Poitiers, etc., etc. — *Cours de droit administratif* contenant le commentaire et l'exposé de la législation administrative dans son dernier état, avec l'analyse ou la reproduction des principaux textes, dans un ordre méthodique. SIXIÈME ÉDITION, très augmentée, mise au courant de la doctrine, de la jurisprudence, de la statistique, des programmes des cours dans les Facultés de droit et des concours à l'auditorat au conseil d'Etat et à la Cour des comptes, etc. 1881. 2 très forts vol. in-8 compactes, contenant la matière d'au moins quatre volumes ordinaires. 20 »

KELLER (F.-L. de). — *De la procédure civile et des actions chez les Romains,* traduit de l'allemand et précédé d'une introduction par M. Charles CAPMAS, recteur de l'Académie de Toulouse. 1 beau vol. in-8°. 9 »

LEFORT (Joseph), lauréat de l'Institut, avocat à la Cour d'appel de Paris. — *Cours élémentaire de droit criminel* (droit pénal ; — procédure criminelle). DEUXIÈME ÉDITION, revue et augmentée. 1878. 1 fort vol. in-8°. 8 »

SAVIGNY (de). — *Le droit des obligations.* Traduit de l'allemand et accompagné de notes, par MM. C. GÉRARDIN, professeur de droit romain à la Faculté de droit de Paris ; et Paul JOZON. DEUXIÈME ÉDITION, revue, corrigée et augmentée. 2 forts vol. in-8°, sur beau papier vélin. 15 »

THÉZARD (Léopold), professeur à la Faculté de droit de Poitiers. — *Répétitions écrites sur le droit romain.* TROISIÈME ÉDITION, refondue et considérablement augmentée. 1879. 1 vol. in-12. 5 »

BARD ET ROBIQUET. — *Droit constitutionnel comparé.* — La constitution française de 1875 étudiée dans ses rapports avec les constitutions étrangères. 2e édition, revue et augmentée. 1878. 1 vol. in-12. 5 »

PERROT (Georges), membre de l'Institut. — *Essai sur le droit public d'Athènes* (Ouvrage couronné par l'Académie française). 1869. 1 vol. in-8°. 7.50

RAMBAUD (Prosper), docteur en droit, répétiteur de droit [illegible] litique à l'usage des facultés de droit et des écoles [illegible]

9 782014 098228